TOP HIGH SCHOOL SPORTS
SOCCER

LOS MEJORES DEPORTES DE LA ESCUELA SECUNDARIA
FÚTBOL

A Crabtree Branches Book
Un libro de Las Ramas de Crabtree

WRITTEN BY / ESCRITO POR THOMAS KINGSLEY TROUPE
TRANSLATED BY / TRADUCCIÓN DE SANTIAGO OCHOA

Crabtree Publishing
crabtreebooks.com

School-to-Home Support for Caregivers and Teachers

This high-interest book is designed to motivate striving students with engaging topics while building fluency, vocabulary, and an interest in reading. Here are a few questions and activities to help the reader build upon his or her comprehension skills.

Before Reading:

- *What do I think this book is about?*
- *What do I know about this topic?*
- *What do I want to learn about this topic?*
- *Why am I reading this book?*

During Reading:

- *I wonder why...*
- *I'm curious to know...*
- *How is this like something I already know?*
- *What have I learned so far?*

After Reading:

- *What was the author trying to teach me?*
- *What are some details?*
- *How did the photographs and captions help me understand more?*
- *Read the book again and look for the vocabulary words.*
- *What questions do I still have?*

Extension Activities:

- *What was your favorite part of the book? Write a paragraph on it.*
- *Draw a picture of your favorite thing you learned from the book.*

Apoyos de la escuela a los hogares para cuidadores y maestros

Este libro de alto interés está diseñado para motivar a los estudiantes dedicados con temas atractivos, mientras desarrollan la fluidez, el vocabulario y el interés por la lectura. A continuación se presentan algunas preguntas y actividades para ayudar al lector a desarrollar sus habilidades de comprensión.

Antes de leer:

- *¿De qué pienso que trata este libro?*
- *¿Qué sé sobre este tema?*
- *¿Qué quiero aprender sobre este tema?*
- *¿Por qué estoy leyendo este libro?*

Durante la lectura:

- *Me pregunto por qué...*
- *Tengo curiosidad de saber...*
- *¿En qué se parece esto a algo que ya conozco?*
- *¿Qué he aprendido hasta ahora?*

Después de la lectura:

- *¿Qué intentaba enseñarme el autor?*
- *¿Cuáles son algunos detalles?*
- *¿Cómo me ayudaron las fotografías y los pies de foto a entender más?*
- *Vuelve a leer el libro y busca las palabras del vocabulario.*
- *¿Qué preguntas tengo aún?*

Actividades de extensión:

- *¿Cuál fue tu parte favorita del libro? Escribe un párrafo sobre ella.*
- *Haz un dibujo de lo que más te gustó del libro.*

TABLE OF CONTENTS

ÍNDICE

GOOOOOOAL!!! ¡¡¡GOOOOOOOL!!!

The ball is booted your way. You take the ball and drive to the goal as a defender quickly approaches. You dribble and turn, faking your opponent out. You wind up, kick, and the ball soars toward the net. The goalie never saw it coming! GOAL!

El balón es lanzado hacia ti. Recibes el balón y te diriges a la portería mientras un defensor se acerca rápidamente. Regateas y giras, amagando a tu oponente. Te levantas, pateas y el balón se eleva hacia la red. ¡El portero nunca lo vio venir! ¡GOL!

Jump into your cleats and get in a good stretch. We're about to learn why soccer ranks among the... TOP HIGH SCHOOL SPORTS.

Ponte los tacos y haz un buen estiramiento. Estamos a punto de saber por qué el fútbol se encuentra entre los... MEJORES DEPORTES DE ESCUELA SUPERIOR.

FUN FACT **DATO CURIOSO**

Soccer is the most popular sport in the world, with an estimated following of four billion fans.

El fútbol es el deporte más popular del mundo, con un número de seguidores estimado en cuatro mil millones de aficionados.

SOCCER HISTORY
HISTORIA DEL FÚTBOL

Soccer is easily one of the oldest sports that is still played today. Its origins date as far back as 206 B.C. where Chinese soldiers played Tsu'chu, which means "kicking the ball." It was the first game to not allow hands.

El fútbol es uno de los deportes más antiguos que se siguen practicando hoy en día. Sus orígenes se remontan al año 206 a.C., cuando los soldados chinos jugaban al Tsu'chu, que significa «patear la pelota». Fue el primer juego en el que no se permitía usar las manos.

In Europe and most of the rest of the world, soccer is called football. In the United States and Canada, the term football refers to gridiron football, as played in the National Football League (NFL). Over time, people in the two countries started using the term soccer to make it less confusing between the two sports.

En Europa y la mayor parte del resto del mundo, el fútbol se conoce con este nombre. En Estados Unidos y Canadá, el término fútbol se refiere al fútbol «gridiron», tal y como se juega en la National Football League (NFL). Con el tiempo, la gente de los dos países empezó a utilizar el término «soccer» para que no hubiera tanta confusión entre los dos deportes.

Soccer balls from earlier times.

Balones de fútbol de épocas anteriores.

SOCCER SEASON
TEMPORADA DE FÚTBOL

For most high schools, the soccer season begins in fall and is played until the beginning of winter. Some high schools have multiple soccer seasons that include fall, winter, and spring.

En la mayoría de las escuelas secundarias, la temporada de fútbol comienza en otoño y se juega hasta el comienzo del invierno. Algunas escuelas secundarias tienen varias temporadas de fútbol que incluyen otoño, invierno y primavera.

A typical high school game is two 40-minute periods or four 20-minute quarters with a 10-minute overtime. Most schools will have a team for boys and a separate team for girls. Others play **co-ed** soccer.

Un partido típico de secundaria consta de dos periodos de 40 minutos, o de cuatro cuartos de 20 minutos con una prórroga de 10 minutos. La mayoría de las escuelas tiene un equipo de chicos y otro de chicas. Otros juegan al fútbol **mixto**.

FUN FACT DATO CURIOSO

During the Middle Ages in Europe (500–1500 C.E.), soccer balls were made from inflated pig bladders. Gross! In 1855, Charles Goodyear designed the first **vulcanized** rubber soccer ball. With a consistent shape, the ball was much easier to kick around and control.

Durante la Edad Media en Europa (500-1500 d.C.), los balones de fútbol estaban hechos de vejigas de cerdo infladas. ¡Asqueroso! En 1855, Charles Goodyear diseñó el primer balón de fútbol de goma **vulcanizado**. Gracias a su forma consistente, el balón fue mucho más fácil de patear y controlar.

HIGH SCHOOL SOCCER TEAMS

EQUIPOS DE FÚTBOL DE LA ESCUELA SECUNDARIA

High schools usually form at least two soccer teams, depending on school size and interest. The varsity teams are where the third- and fourth-year students typically play. The school's strongest athletes compete at the varsity level.

Las escuelas secundarias suelen formar al menos dos equipos de fútbol, dependiendo del tamaño de la escuela y del interés por este deporte. En los equipos universitarios suelen jugar los alumnos de tercer y cuarto año. Los atletas más fuertes de la escuela compiten en el nivel universitario.

Junior varsity teams are made up of first- and second-year students. At this level, they improve their skills to be able to try out for the varsity team in third or fourth year.

Los equipos universitarios *junior* están formados por estudiantes de primer y segundo año. En este nivel, mejoran sus habilidades para poder probar en el equipo universitario en tercer o cuarto año.

A size 5 adult soccer ball is used during high school soccer games. It has a diameter of 8.6–9 inches (22–23 cm) and a circumference of 27–28 inches (69–71 cm). There are usually three balls available to use during a game in case a ball is lost or damaged.

En los partidos de fútbol de la escuela secundaria se utiliza un balón de fútbol para adultos talla 5. Tiene un diámetro de 8.6 a 9 pulgadas (22-23 cm) y una circunferencia de 27 a 28 pulgadas (69-71 cm). Normalmente hay tres balones disponibles para usar durante un partido en caso de que se pierda o se dañe un balón.

BASICS OF THE GAME
FUNDAMENTOS DEL JUEGO

The basics of soccer are **straightforward**. Two teams of 11 compete on a large field with goals on each end. Players move the ball across the field with their feet and kick the ball into the net to score.

Los fundamentos del fútbol son **sencillos**. Dos equipos de 11 jugadores compiten en una cancha grande con porterías en cada extremo. Los jugadores mueven el balón por el campo con los pies y chutan el balón a la red para anotar.

Each goal is worth one point. A violation of the rules may result in a **penalty** kick, giving a player a free shot at the goal. Referees monitor the field during games to make sure the rules are followed!

Cada gol vale un punto. Una infracción de las reglas puede resultar en un **penalti**, lo que da a un jugador un tiro libre a la portería. ¡Los árbitros vigilan la cancha durante los partidos para asegurarse de que se cumplan las reglas!

High school soccer fields can range from a number of different sizes. They are anywhere between 55 to 80 yards (50–73 m) wide and 100 to 120 yards (91–110 m) long. In the U.S., the standard is set by the National Federation of State High School Associations (NFHS).

Las canchas de fútbol de las escuelas secundarias pueden tener diferentes tamaños. Tienen entre 55 y 80 yardas (50–73 m) de ancho y entre 100 y 120 yardas (91–110 m) de largo. En Estados Unidos, las normas son establecidas por la Federación Nacional de Asociaciones Estatales de Escuelas Secundarias (NFHS, por sus siglas en inglés).

OFFENSE
OFENSIVA

There are 11 players from each team out on the field at once. Here is what the **offensive** squad looks like:

Left Striker — Positioned to the left side of the other team's goal, this player's job is to score. They will be swarmed by defenders, trying to stop that from happening.

Center Forward — The center moves the ball into opponent territory. This player sets up kicks to the goal and tries to score themselves.

Right Striker — Positioned on the right side of the goal, this player's job is also to stay close for goal opportunities. Fast players who can **outmaneuver** defenders play as strikers.

Hay 11 jugadores de cada equipo en el campo de juego. Este es el aspecto de la plantilla **ofensiva**:

Delantero izquierdo: Situado al lado izquierdo de la portería del otro equipo, la función de este jugador es marcar. Los defensores lo perseguirán para que no haga goles.

Centro delantero: El centro delantero mueve el balón hacia el territorio contrario. Este jugador prepara los lanzamientos a la portería e intenta hacer goles.

Delantero derecho: Situado en el lado derecho de la portería, la función de este jugador es permanecer cerca durante las oportunidades de gol. Los jugadores rápidos que pueden **esquivar** a los defensores contrarios juegan como delanteros.

CENTER FORWARD

CENTRO DELANTERO

STRIKER

DELANTERO

Offensive players are usually the quickest team members on a soccer team. It's necessary for them to be able to make a shot from many angles. They also have to ensure that they don't get called offside.

Los jugadores ofensivos suelen ser los miembros más rápidos de un equipo de fútbol. Es necesario que sean capaces de realizar un disparo desde muchos ángulos. También tienen que asegurarse de que no los sorprendan por los lados.

DEFENSE
DEFENSA

Because soccer is played around the world, there can be different names for each position. Below are the common names for the defensive crew:

Sweeper —	Positioned between the goalie and defensive line, the sweeper's job is to "sweep up" any balls that get past the main **defense**.
Left & Right Defenders (also known as fullbacks or wingbacks) —	Defenders on the left and right sides of the field whose job is to protect their side and center-back when needed.
Center-back (Central Defender, Center Fullback, Stopper) —	The center-back plays in the middle of the rear defensive line and can hang back to defend the goal.

Como el fútbol se juega en todo el mundo, puede haber diferentes nombres para cada posición. A continuación, los nombres más comunes para la zona defensiva:

Zaguero:	Situado entre el portero y la línea defensiva, el trabajo del zaguero es «barrer» los balones que pasan más allá de la **defensa** principal.
Defensores izquiero y derecho:	Defensores en los lados izquierdo y derecho del campo cuyo trabajo es proteger su lado y al defensa central cuando sea necesario.
Defensa central (defensor central, lateral central, líbero):	El central juega en el centro de la línea defensiva trasera y puede quedarse atrás para defender la portería.

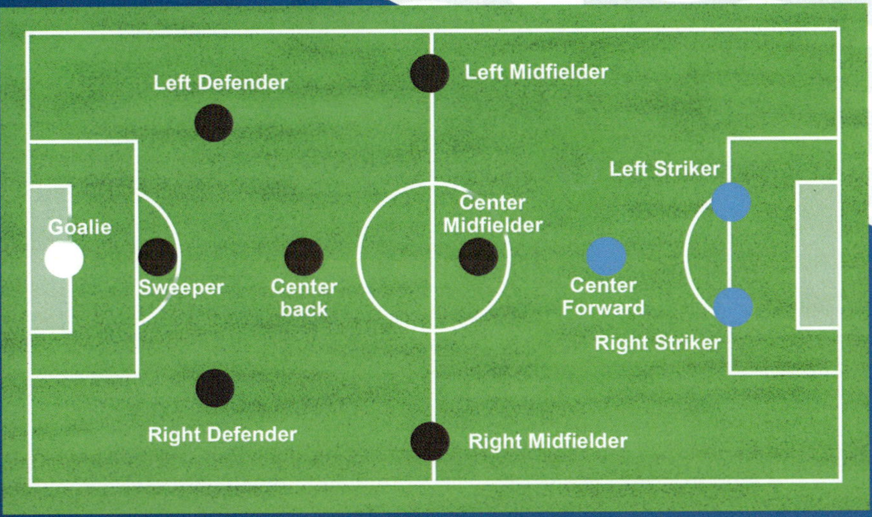

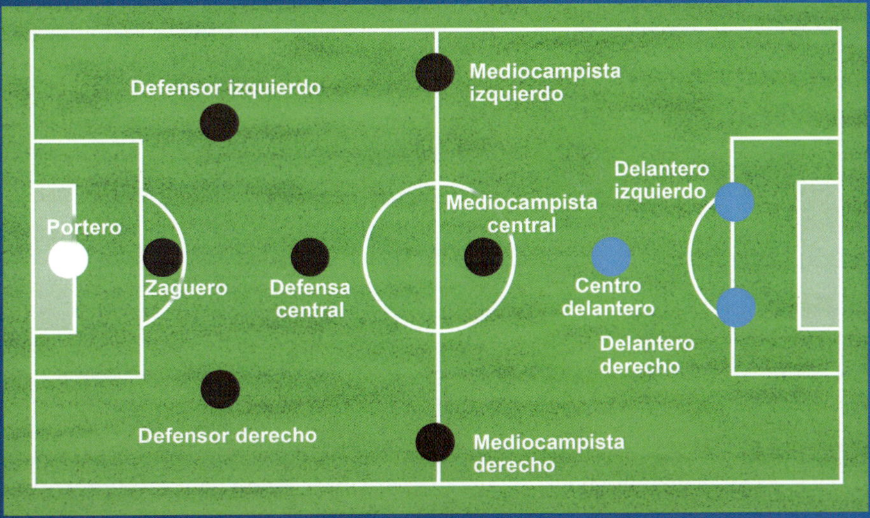

LEFT FULL-BACK

LATERAL IZQUIERDO

MIDFIELDERS MEDIOCAMPISTAS

The midfielders play exactly where one would expect: in the middle of the field. They work as the link that connects the offense and defensive teams.

Left & Right Midfielders (Wingers, Outside Midfielders) — These players are positioned wide, to keep the other team's offense from running down the middle. Their job is to make sure to keep the ball back in offensive play.

Center Midfielder — This is one of the hardest positions on the team. This player can play both defensively or offensively, depending on where the ball is moving. A good center midfielder has top level ball-handling skills.

Los mediocampistas juegan exactamente donde uno esperaría: en el centro del campo. Funcionan como el eslabón que conecta a los jugadores ofensivos y defensivos.

Mediocampistas izquierdos y derechos (laterales volantes): Estos jugadores se colocan a lo ancho para evitar que la ofensiva del otro equipo corra por el centro. Su función es asegurarse de mantener el balón en el juego ofensivo.

Mediocampista central: Esta es una de las posiciones más difíciles del equipo. Este jugador puede jugar tanto a la defensiva como a la ofensiva, dependiendo de hacia dónde se mueva el balón. Un buen mediocampista central tiene habilidades de alto nivel en el manejo del balón.

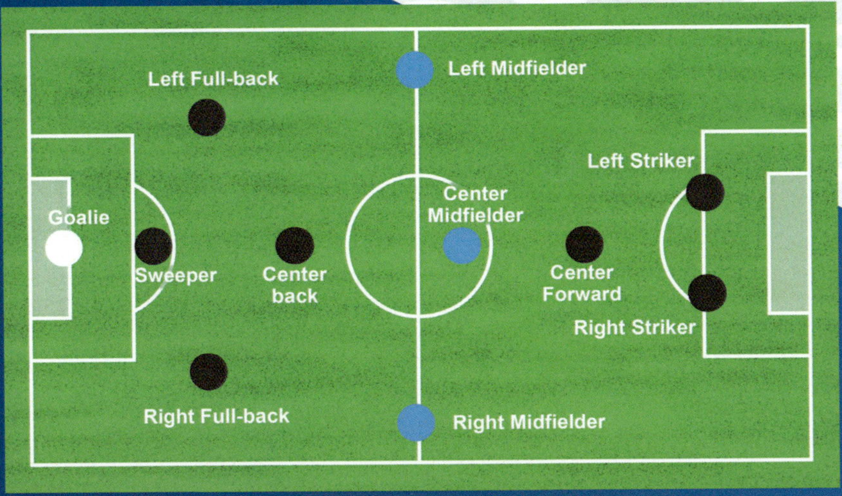

FUN FACT

DATO CURIOSO

In Europe, a soccer field is sometimes referred to as a "pitch." This name dates back to the 1200s in England.

En Europa, un campo de fútbol a veces se denomina «pitch». Este nombre se remonta al siglo XIII en Inglaterra.

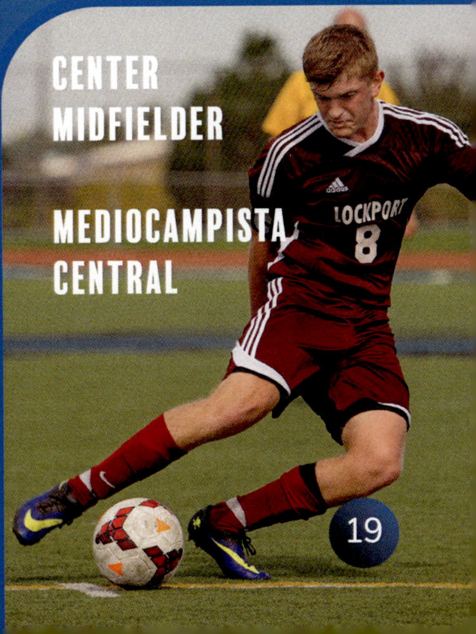

EQUIPMENT AND UNIFORMS
EQUIPAMIENTO Y UNIFORMES

Soccer is a fast-moving sport where players are running constantly. To keep cool, they usually wear short sleeved jerseys, shorts, and long socks. Cleats are worn to help grip the turf and keep players from slipping.

El fútbol es un deporte rápido en el que los jugadores están corriendo constantemente. Para mantenerse frescos, suelen llevar camisetas de manga corta, pantalones cortos y medias largas. Los tacos se usan para un mayor agarre al césped y evitar que los jugadores resbalen.

Cleats

Tacos

For protection from kicking legs and feet, shin-guards are worn. Mouth guards protect their teeth.

Las espinilleras se usan para protegerse de las patadas. Los protectores bucales protegen los dientes.

FUN FACT **DATO CURIOSO**

The numbers on soccer jerseys aren't random. They are usually assigned depending on the player's position on the field. For example, the goalie is usually 1, defensive players are 2-5, and so on!

Los números de las camisetas de fútbol no son casuales. Suelen asignarse en función de la posición del jugador en el campo. Por ejemplo, el portero suele ser el 1, los jugadores defensivos son el 2-5, ¡y así sucesivamente!

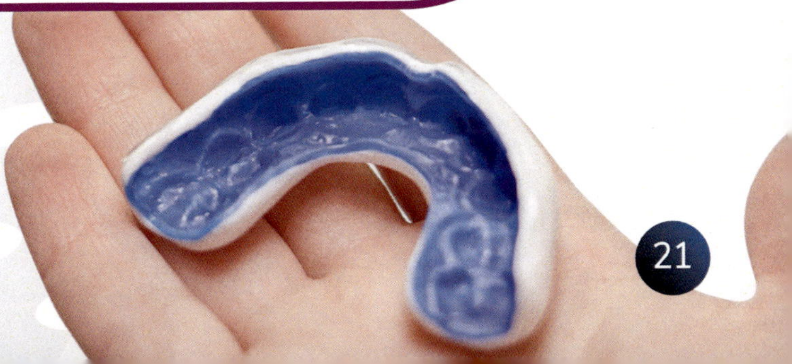

A custom-fitted mouth guard.

Un protector bucal a la medida.

PRACTICE AND TRAINING
PRÁCTICA Y ENTRENAMIENTO

Soccer practice is held after school and lasts usually 60–90 minutes. Because soccer is a sport that can be played year round, practice space might be outdoors or in an indoor soccer arena.

El entrenamiento de fútbol se realiza después de la escuela y suele durar entre 60 y 90 minutos. Dado que el fútbol es un deporte que se puede practicar durante todo el año, el espacio de práctica puede ser al aire libre o en una cancha de fútbol en interior.

During practice, players will work on ball-handling, passing, and shooting drills. Since the majority of the game is running, players should expect to do a lot of sprinting to keep their **stamina** up!

Durante la práctica, los jugadores trabajarán en el manejo del balón, los pases y los disparos. Debido a que la mayor parte del juego consiste en correr, los jugadores deben hacer muchos embalajes para mantener su **resistencia**.

SOCCER JARGON
JERGA FUTBOLÍSTICA

Just like a lot of sports, soccer has many interesting phrases that might confuse newer players. Here are some of the most common ones:

Assist — when a player passes the ball to another player, who scores the goal.

Bicycle Kick — a backwards somersault kick that launches the ball in the opposite direction.

Dribble — moving and controlling the ball down the field with your feet.

Dummy — faking that the ball is coming to you to trick an opponent.

Head — to hit the ball with the forehead.

Spot-kick — a penalty kick, placed 12 yards in front of the goal.

Tackle — to steal the ball from another player with your own feet.

Al igual que muchos deportes, el fútbol tiene muchas frases interesantes que pueden confundir a los nuevos jugadores. Estas son algunas de las más comunes:

Asistencia: Cuando un jugador le pasa el balón a otro jugador, quien marca el gol.

Amagar: Fingir que el balón viene hacia ti para engañar a un rival.

Cabecear: Golpear el balón con la frente.

Chilena: Una patada con voltereta hacia atrás que lanza el balón en dirección contraria.

Regatear: Mover y controlar el balón en la cancha con los pies.

Gambeta: Movimiento que hace un jugador para evitar que un contrario le quite el balón.

Penalti: Un tiro penal, a 12 yardas frente a la portería.

DRIBBLE
REGATEAR

HEAD
CABECEAR

SPOT-KICK
PENALTI

PLAYOFFS AND STATE TOURNAMENTS

ELIMINATORIAS Y TORNEOS ESTATALES

High school soccer teams usually compete with other schools to see which team is the best. Schools can participate in state playoffs and state championship **tournaments**.

Los equipos de fútbol de la escuela secundaria suelen competir con otras escuelas para ver cuál equipo es el mejor. Las escuelas pueden participar en las eliminatorias, campeonatos y **torneos** estatales.

Like many schools, teams are broken into classes depending on the number of students enrolled in the high school. Large schools face off against larger schools and smaller schools compete against small schools. This allows for fair competition!

Al igual que en muchas escuelas, los equipos se dividen en categorías dependiendo del número de estudiantes matriculados en la escuela secundaria. Las escuelas grandes se enfrentan a las más grandes y las escuelas más pequeñas compiten contra las pequeñas. ¡Esto permite una competencia justa!

FUN FACT / DATO CURIOSO

In 2019 over 459,000 boys and over 394,000 girls in the United States competed in a high school soccer program!

¡En 2019, más de 459 000 chicos y más de 394 000 chicas de Estados Unidos compitieron en un programa de fútbol de la escuela secundaria!

CONCLUSION
CONCLUSIÓN

Soccer is one of the most fast-paced and competitive sports high-schoolers participate in. Players will need speed, endurance, and skill to keep their team winning. The sweat and hard work is worth it!

El fútbol es uno de los deportes más rápidos y competitivos que juegan los estudiantes de secundaria. Los jugadores necesitarán velocidad, resistencia y habilidad para que su equipo siga ganando. ¡El sudor y el trabajo duro valen la pena!

Will you show off your moves on the soccer field? You and your team could come out on top at a major tournament. With a winning attitude and some fancy footwork, you'll see why soccer is easily one of the TOP HIGH SCHOOL SPORTS!

¿Demostrarás tus movimientos en el campo de fútbol? Tú y tu equipo podrían estar en la cima de un gran torneo. Con actitud ganadora y un poco de juego de pies, verás por qué el fútbol es uno de los ¡MEJORES DEPORTES DE LA ESCUELA SECUNDARIA!

GLOSSARY

co-ed (KOH-ed): something that includes both male and females

defense (DEE-fenss): defending a goal against the opposing team

offensive (AW-fenss-iv): the team possessing the ball in an attempt to score

outmaneuver (OUT-muhn-oo-vur): evading an opponent with speed and agility

penalty (PEN-uhl-tee): a punishment for breaking a rule

stamina (STAM-in-uh): ability to keep moving for longer periods of time

straightfoward (strayt-FOR-wurd): uncomplicated and easy to understand

tournaments (TOR-nuh-muhntz): a series of contests or games played between competing teams

vulcanized (VOL-kuhn-ized): rubber heated with sulfur to make it easier to shape

GLOSARIO

defensa: Defender una portería contra el equipo contrario.

esquivar: Superar y dejar atrás a un oponente con velocidad y agilidad.

mixto: Algo que incluye tanto a hombres como a mujeres.

ofensiva: El equipo que posee el balón para intentar hacer un gol.

penalti: Castigo por infringir una norma en el fútbol.

resistencia: Capacidad de mantenerse en movimiento durante largos periodos de tiempo.

sencillos: Poco complicados y fáciles de entender.

torneos: Serie de concursos o partidos disputados entre equipos competidores.

vulcanizado: Caucho que se calienta con azufre para que sea más fácil de moldear.

INDEX

ÍNDICE ANALÍTICO

WEBSITES TO VISIT
SITIOS WEB PARA VISITAR

www.ducksters.com/sports/soccer.php

www.sportsrec.com/5093685/facts-about-soccer-for-kids

ABOUT THE AUTHOR

Thomas Kingsley Troupe is the author of a big ol' pile of books for kids. He's written about everything from ghosts to Bigfoot to third grade werewolves. He even wrote a book about dirt. When he's not writing or reading, he gets plenty of exercise and remembers sacking quarterbacks while on his high school football team. Thomas lives in Woodbury, Minnesota with his two sons.

SOBRE EL AUTOR

Thomas Kingsley Troupe es el autor de muchísimos libros para niños. Ha escrito sobre todo tipo de temas, desde fantasmas hasta de Pie Grande, y de hombres lobo de tercer grado. Escribió incluso un libro sobre la suciedad. Cuando no está escribiendo o leyendo, hace mucho ejercicio y se acuerda de cómo derribaba mariscales de campo contrarios cuando estaba en el equipo de fútbol de la escuela secundaria. Thomas vive en Woodbury, Minnesota, con sus dos hijos.

Crabtree Publishing

crabtreebooks.com 800-387-7650

Written by/Escrito por: Thomas Kingsley Troupe
Designer/Diseñadora: Jennifer Dydyk
Editor/Editora: Kelli Hicks
Proofreader/Correctora de pruebas: Ellen Rodger
Translated by/Traducción de: Santiago Ochoa
Spanish-language layout and proofread/ Maquetación y corrección en español: Base Tres
Production manager/Coordinadora de producción: Candice Campbell

Hardcover 978-1-0398-6936-3
Paperback 978-1-0398-6915-8
Ebook (pdf) 978-1-0398-6957-8
Epub 978-1-0398-6978-3

Published in Canada
Publicado en Canadá
Crabtree Publishing
616 Welland Avenue
St. Catharines, Ontario
L2M 5V6

Published in the United States
Publicado en los Estados Unidos
Crabtree Publishing
347 Fifth Avenue
Suite 1402-145
New York, NY 10016

Photographs: Following images from Shutterstock.com: Cover background pattern (and pattern throughout book © HNK, soccer ball on cover and title page Pasko Maksim, cover photo of male players © JoeSAPhotos, cover photo of female players © Monkey Business Images. Page 4 © Monkey Business Images, Page 5 top image © matimix, Page 7 bottom photo © verzellenberg, Page 8 top photo © Patsy Michaud, Page 9 © Larry St. Pierre, Page 10 top photo © Monkey Business Images, Page 10 bottom photo and Page 11 top photo © JustPixs, Page 13 © BRG.photography, Page 14, 17, and 19 diagram © hermanthos, Page 15 top photo © JoeSAPhotos, bottom photo © Larry St. Pierre, Page 21 illustration © Nattanopdesign, photo © baklykovadaria, Page 22 g matimix, Page 23 bottom photo © WoodysPhotos, Page 24 and Page 25 both top photos © JoeSAPhotos, Page 25 bottom photo © koonsiri boonnak, Page 26 top photo © JustPixs, bottom photo © matimix, Page 27 © Elkhophoto, Page 28 © JoeSAPhotos, Page 29 top photo © sirtravelalot, bottom photo © Larry St. Pierre. Following images from istock by Getty Images: Page 5 bottom photo © Ohmega1982, Page 8 bottom photo © KuntalSaha, Page 11 soccer ball © vlastas, Page 20 top photo and Page 23 top photo © matimix, bottom photo © venakr. Following images from Dreamstime.com: Page 12 photo © David Wood, diagram © Alberto Ragnoli, Page 17 photo © Thomas Carter, Page 19 photo © Robert Philip. Black and white photos Pages 6 and 7 photo courtesy of the Library of Congress.

Printed in the U.S.A./Impreso en los Estados Unidos/CP112025

Library and Archives Canada Cataloguing in Publication
Available at the Library and Archives Canada

Library of Congress Cataloging-in-Publication Data
Available at the Library of Congress